# WORLD CUP